Impressum
Verlag: BABADADA GmbH, Nedderfeld 112 , 22529 Hamburg
Geschäftsführer / Verlagsleitung: Harald Hof
Druck: Books on Demand GmbH, In de Tarpen 42, 22848 Norderstedt

Imprint
Publisher: BABADADA GmbH, Nedderfeld 112 , 22529 Hamburg, Germany
Managing Director / Publishing direction: Harald Hof
Print: Books on Demand GmbH, In de Tarpen 42, 22848 Norderstedt

escuela
學校

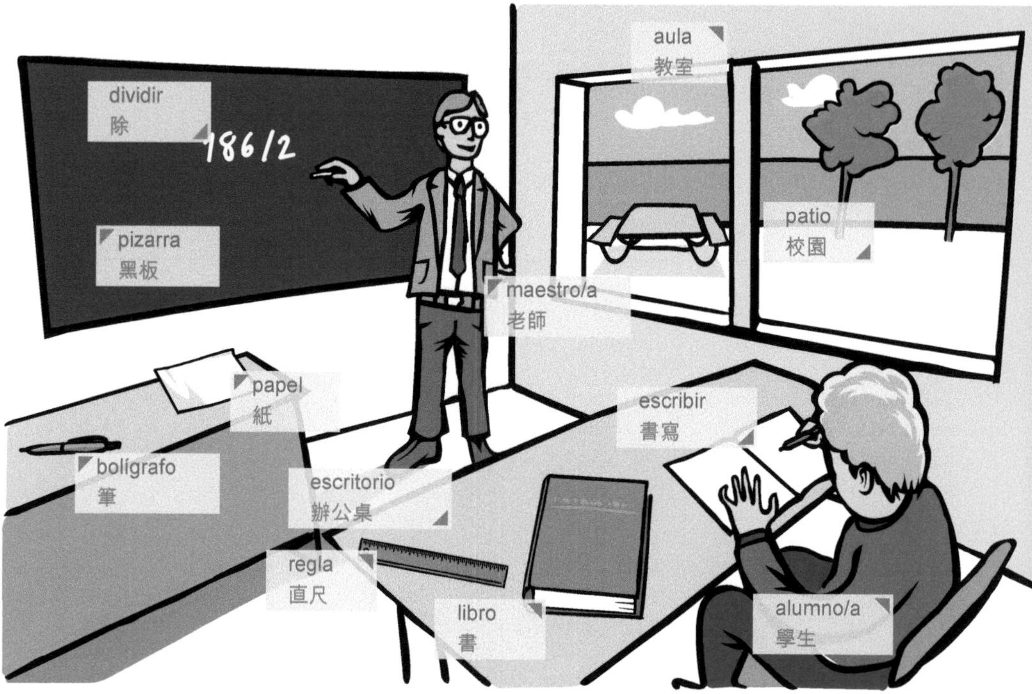

aula
教室
dividir
除
186/2
pizarra
黑板
patio
校園
maestro/a
老師
papel
紙
escribir
書寫
bolígrafo
筆
escritorio
辦公桌
regla
直尺
libro
書
alumno/a
學生

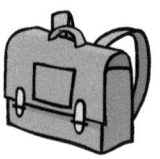

cartera
書包

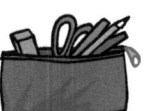

caja de lápices
鉛筆盒

lápiz
鉛筆

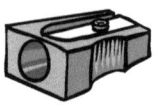

sacapuntas
削鉛筆機

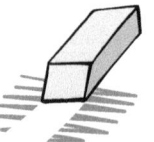

goma de borrar
橡皮擦

cuaderno de dibujo
畫板

dibujo

圖畫

pincel

畫筆

caja de pinturas

顏料盒

tijeras

剪刀

pegamento

膠水

cuaderno de ejercicios

練習冊

deberes

家庭作業

número

數字

sumar

加

restar

減

multiplicar

乘

calcular

計算

letra

字母

alfabeto

字母表

palabra

字

texto

課文

leer

讀

tiza

粉筆

lección

上課

cuaderno de notas

登記

examen

考試

certificado

證書

uniforme escolar

校服

educación

教育

enciclopedia

百科全書

universidad

大學

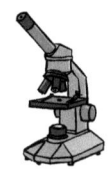

microscopio

顯微鏡

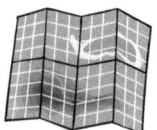

mapa

地圖

papelera

廢紙簍

viaje
旅行

hotel
飯店
Grand
albergue
青年旅社
ROOMS
oficina de cambio de divisas
外幣兌換處
EXCHANGE
maleta
手提箱
coche
汽車

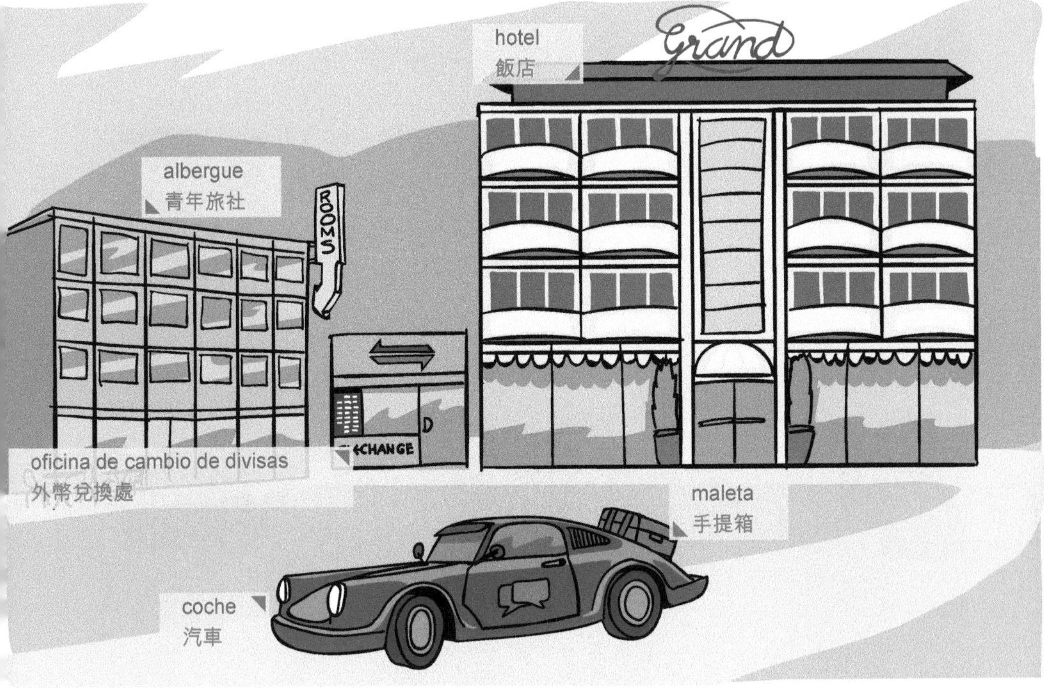

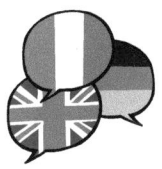

idioma

語言

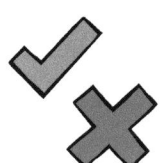

sí / no

是/否

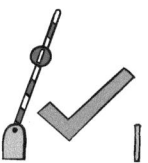

Vale

好的

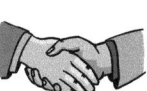

hola

您好

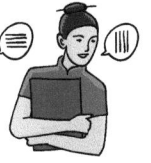

traductor

翻譯人員

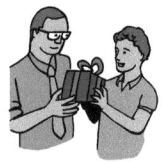

Gracias

謝謝

¿cuánto es...?

......多少錢？

No entiendo

我不明白

problema

問題

¡Buenas tardes!

晚上好！

¡Buenos días!

早上好！

¡Buenas noches!

晚安！

adiós

再見

dirección

方向

equipaje

行李

bolsa

包

mochila

背包

invitado

客人

habitación

房間

saco de dormir

睡袋

tienda de campaña

帳篷

información turística

旅行資訊

playa

海灘

tarjeta de crédito

信用卡

desayuno

早餐

almuerzo

午餐

cena

晚餐

billete

票

ascensor

電梯

sello

郵票

frontera

邊界

aduana

海關

embajada

大使館

visa

簽證

pasaporte

護照

transporte
交通運送

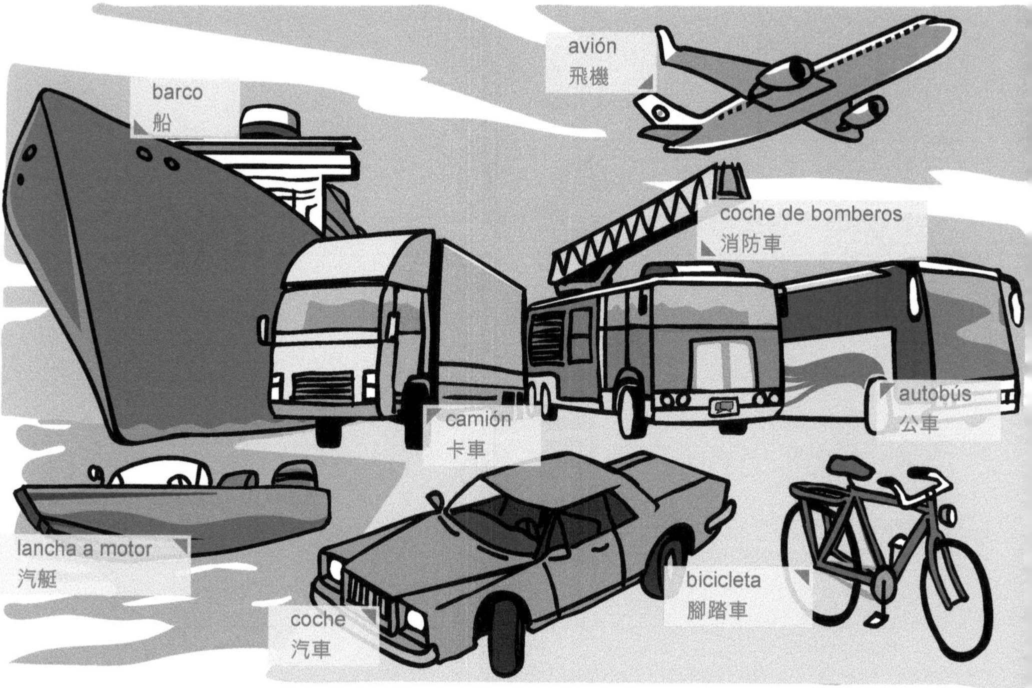
avión
飛機
barco
船
coche de bomberos
消防車
autobús
公車
camión
卡車
lancha a motor
汽艇
bicicleta
腳踏車
coche
汽車

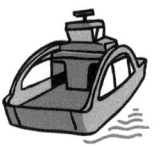

transbordador

渡輪

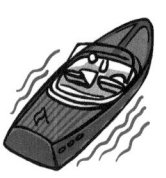

barca

小船

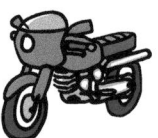

moto

機車

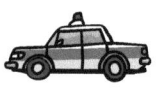

coche de policía

警車

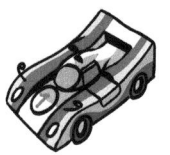

coche de carreras

賽車

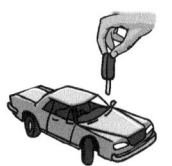

coche de alquiler

租車

préstamo de vehículos

拼車

grúa

拖車

camión de la basura

垃圾車

motor

馬達

gasolina

汽油

gasolinera

加油站

señal de tráfico

交通標識

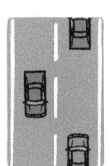

tráfico

交通

atasco

交通堵塞

aparcamiento

停車場

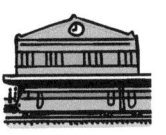

estación de tren

火車站

vías

軌道

tren

火車

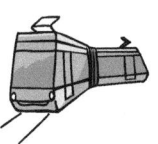

tranvía

路面電車

vagón

客車廂

helicóptero

直升機

aeropuerto

機場

torre

塔

pasajero

乘客

contenedor

集裝箱

caja de cartón

紙板箱

carretilla

手推車

cesta

籃子

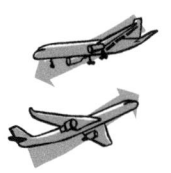

despegar / aterrizar

起飛/降落

ciudad
城市

pueblo

村莊

centro de ciudad

市中心

casa

房子

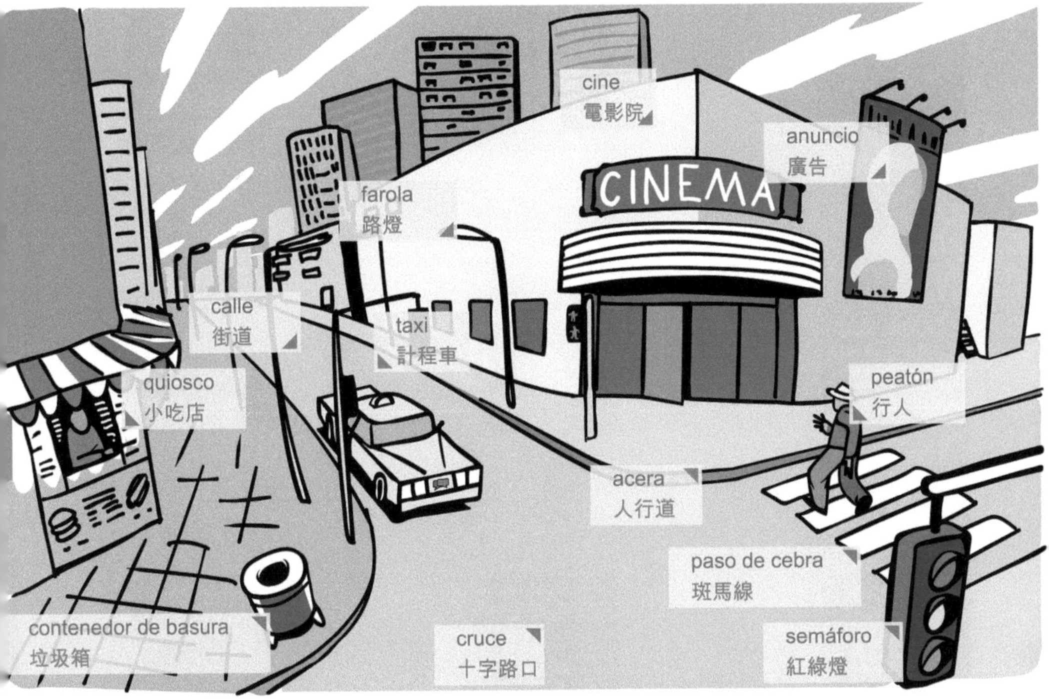

cine
電影院
anuncio
廣告
farola
路燈
CINEMA
calle
街道
taxi
計程車
quiosco
小吃店
peatón
行人
acera
人行道
paso de cebra
斑馬線
contenedor de basura
垃圾箱
cruce
十字路口
semáforo
紅綠燈

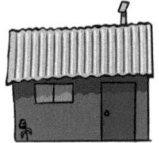

cabaña

小屋

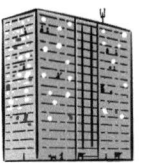

apartamento

公寓

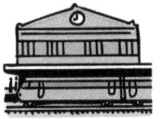

estación de tren

火車站

ayuntamiento

市政廳

MUSEUM

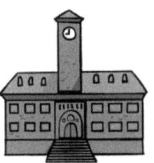

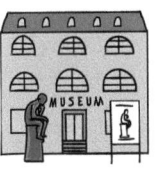

museo

博物館

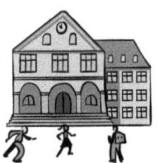

escuela

學校

universidad

大學

banco

銀行

hospital

醫院

hotel

飯店

farmacia

藥房

oficina

辦公室

librería

書店

tienda

商店

floristería

花店

supermercado

超市

mercado

市場

grandes almacenes

百貨商店

pescadería

魚店

centro comercial

購物中心

puerto

海港

parque

公園

banco

長凳

puente

橋

escaleras

樓梯

metro

捷運

túnel

隧道

parada de autobús

公車站

bar

酒吧

restaurante

餐館

buzón

郵筒

poste indicador

路標

parquímetro

停車計時器

zoo

動物園

piscina

游泳池

mezquita

清真寺

granja

農場

contaminación

污染

cementerio

墓地

iglesia

教堂

patio de juego

操場

templo

寺廟

paisaje

地形

hoja
樹葉

señal
指示牌

camino
路

prado
草地

piedra
石頭

árbol
樹

excursionista
徒步旅行者

río
河

hierba
草

flor
花

valle

峽谷

colina

丘陵

lago

湖

bosque

森林

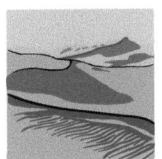

desierto

沙漠

volcán

火山

castillo

城堡

arcoíris

彩虹

champiñón

蘑菇

palmera

棕櫚樹

mosquito

蚊子

mosca

蒼蠅

hormiga

螞蟻

abeja

蜜蜂

araña

蜘蛛

escarabajo

甲蟲

rana

青蛙

ardilla

松鼠

erizo

刺蝟

liebre

野兔

lechuza

貓頭鷹

pájaro

鳥

cisne

天鵝

jabalí

野豬

ciervo

鹿

alce

麋鹿

presa

水壩

turbina eólica

風力發電機

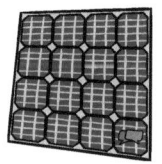

panel solar

太陽能電池板

clima

氣候

restaurante
餐館

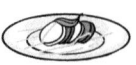

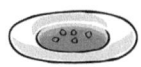

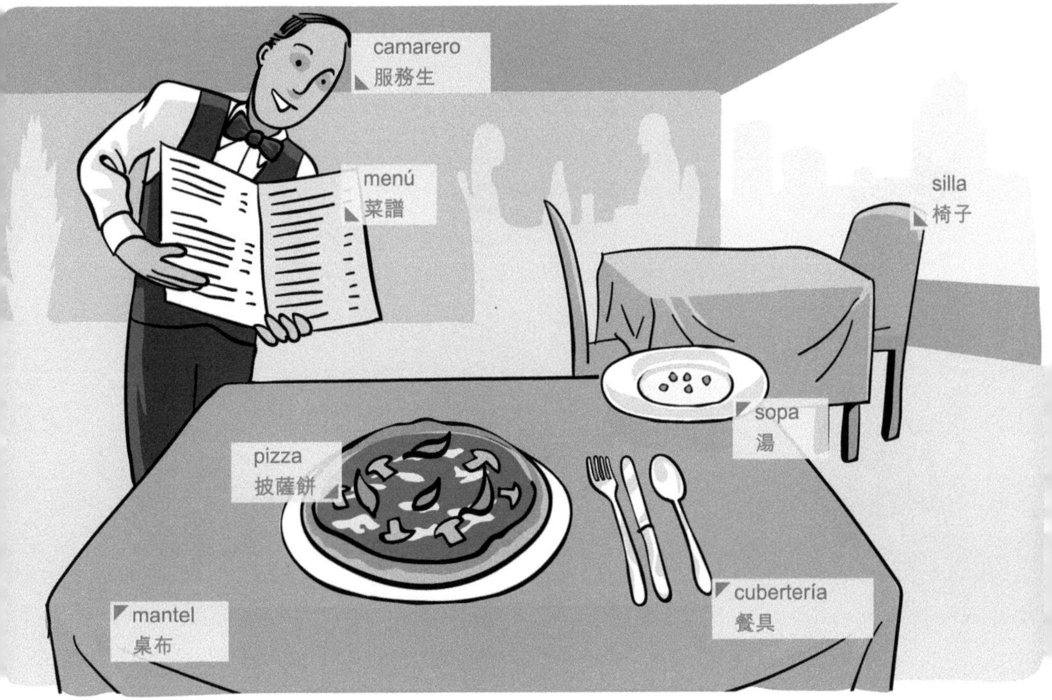
camarero
服務生
menú
菜譜
silla
椅子
sopa
湯
pizza
披薩餅
cubertería
餐具
mantel
桌布

primer plato
前菜

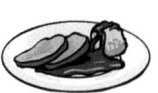

plato principal
主菜

postre
甜點

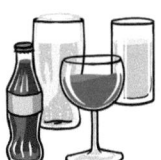

bebidas
飲料

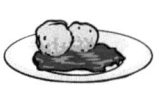

comida
食物

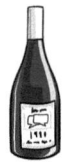

botella
瓶子

comida rápida

速食

comida callejera

街邊小吃

tetera

茶壺

azucarero

糖盒

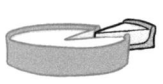

porción

一份飯菜

cafetera expreso

義式咖啡機

trona

高腳椅

cuenta

帳單

bandeja

托盤

cuchillo

刀

tenedor

餐叉

cuchara

勺子

cucharilla

茶匙

servilleta

餐巾

vaso

玻璃杯

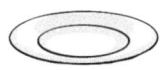

plato

碟子

plato hondo

湯盤

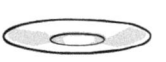

platillo

碟子

salsa

醬

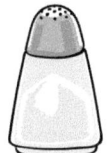

salero

鹽瓶

molinillo de pimienta

胡椒研磨罐

vinagre

醋

aceite

食用油

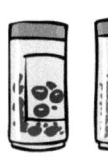

especias

調味料

ketchup

番茄醬

mostaza

芥末

mayonesa

美乃滋

supermercado
超市

oferta especial
特價
FOR
cliente
顧客
lácteos
乳製品
fruta
水果
carro de la compra
購物車

BUTCHERS

carnicería

肉鋪

BAKERY

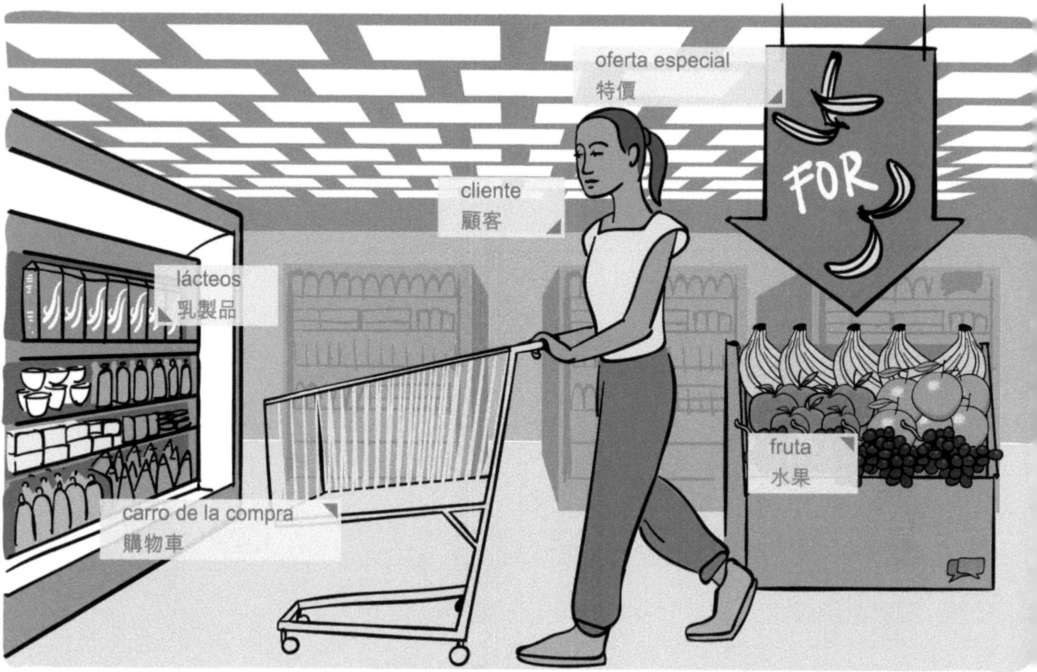

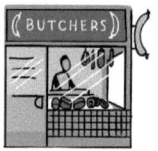

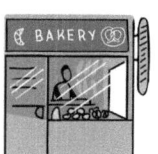

panadería

麵包店

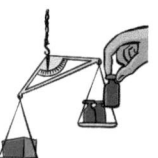

pesar

稱重

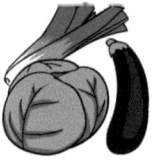

verduras

蔬菜

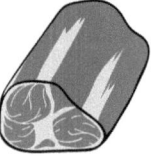

carne

肉

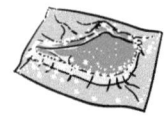

alimentos congelados

冷凍食品

fiambres

冷盤

conservas

罐頭食品

detergente en polvo

洗衣粉

dulces

甜食

productos de uso doméstico

日用品

productos de limpieza

清潔用品

vendedora

銷售員

caja

收銀機

cajero

收銀員

lista de la compra

購物清單

horario de atención al público

開放時間

cartera

錢包

tarjeta de crédito

信用卡

bolsa

袋子

bolsa de plástico

塑膠袋

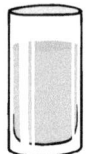

agua

水

zumo

果汁

leche

牛奶

cola

可樂

vino

紅酒

cerveza

啤酒

alcohol

酒

cacao

可可

té

茶

café

咖啡

expreso

義式濃縮咖啡

capuchino

卡布奇諾

plátano

香蕉

manzana

蘋果

naranja

柳丁

melón

西瓜

limón

檸檬

zanahoria

胡蘿蔔

ajo

大蒜

bambú

竹子

cebolla

洋蔥

champiñón

蘑菇

avellanas

堅果

fideos

麵條

espagueti

義大利麵

arroz

米飯

ensalada

沙拉

patatas fritas

薯條

patatas fritas

炸馬鈴薯

pizza

披薩餅

hamburguesa

漢堡

sándwich

三明治

filete

炸豬排

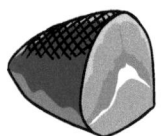

jamón

火腿

salami

義大利臘腸

salchicha

香腸

pollo

雞肉

asado

烤肉

pescado

魚

copos de avena

燕麥片

muesli

木斯里

copos de maíz

玉米片

harina

麵粉

cruasán

牛角麵包

panecillo

麵包捲

pan

麵包

tostada

吐司

galletas

餅乾

mantequilla

奶油

cuajada

凝乳

pastel

蛋糕

huevo

蛋

huevo frito

煎蛋

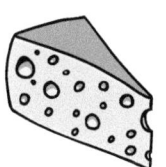

queso

起司

helado

冰淇淋

azúcar

糖

miel

蜂蜜

mermelada

果醬

crema de turrón

巧克力醬

curry

咖哩

comida - 食物

granja
農場

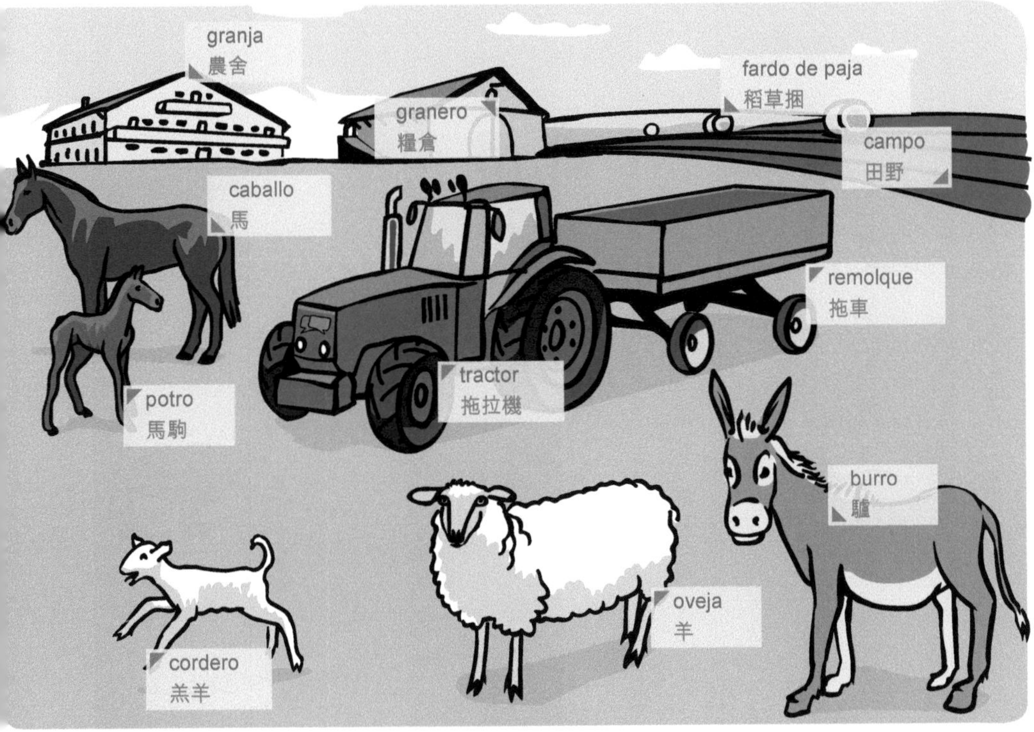
granja
農舍
granero
糧倉
fardo de paja
稻草捆
campo
田野
caballo
馬
remolque
拖車
tractor
拖拉機
potro
馬駒
burro
驢
oveja
羊
cordero
羔羊

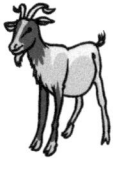

cabra
山羊

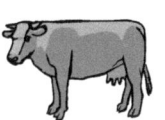

vaca
奶牛

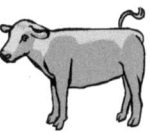

ternero
小牛

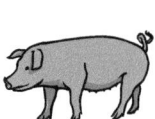

cerdo
豬

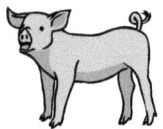

cerdito
小豬

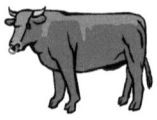

toro
公牛

ganso

鵝

pato

鴨

pollo

小雞

gallina

母雞

gallo

公雞

rata

鼠

gato

貓

ratón

老鼠

buey

牛

perro

狗

perrera

狗屋

manguera

花園澆水軟管

regadera

澆水壺

guadaña

長柄大鐮刀

arado

犁

hoz
....
鐮刀

azada
....
鋤頭

horca
....
長柄草耙

hacha
....
斧頭

carretilla
....
獨輪手推車

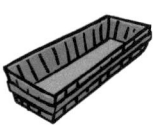

abrevadero
....
飼料槽

lechera
....
牛奶罐

saco
....
麻布袋

valla
....
柵欄

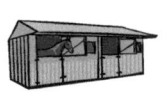

establo
....
馬廄

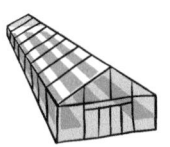

invernadero
....
溫室

suelo
....
土壤

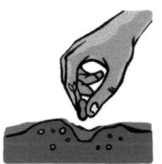

semilla
....
種子

fertilizador
....
肥料

cosechadora
....
聯合收割機

cosechar

收割

cosecha

收割

ñame

地瓜

trigo

小麥

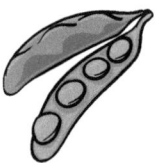

soja

大豆

patata

土豆

maíz

玉米

semilla de colza

油菜籽

árbol frutal

果樹

mandioca

樹薯

cereales

穀物

chimenea
煙囪

tejado
屋頂

canalón
落水管

ventana
窗戶

garaje
車庫

timbre
門鈴

puerta
門

cubo de la basura
垃圾桶

buzón
信箱

jardín
花園

sala

客廳

cuarto de baño

浴室

cocina

廚房

dormitorio

臥室

habitación de los niños

兒童房

comedor

餐廳

casa - 房子

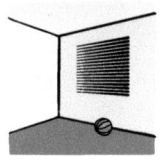

suelo

地板

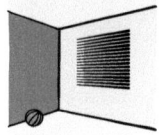

pared

牆壁

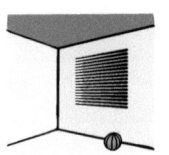

techo

天花板

sótano

地窖

sauna

三溫暖

balcón

陽臺

terraza

露臺

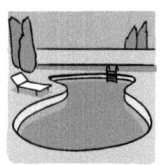

piscina

游泳池

cortacésped

割草機

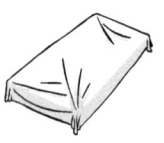

sábana

被罩

colcha

床罩

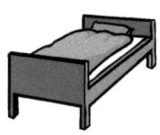

cama

床

escoba

掃帚

balde

水桶

interruptor

開關

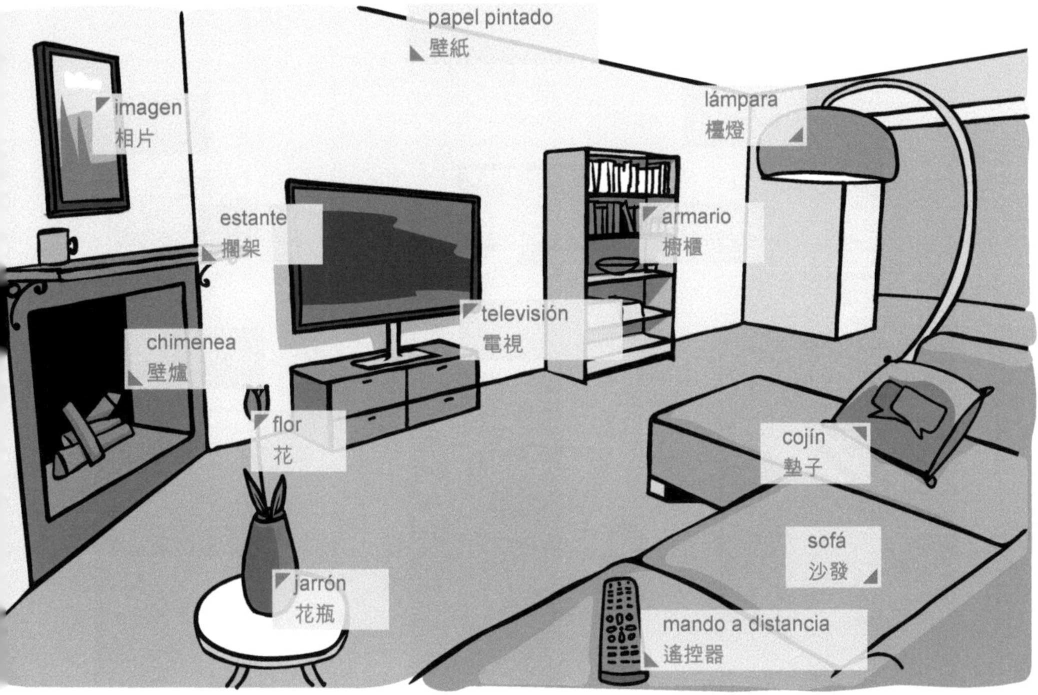

papel pintado
壁紙

imagen
相片

lámpara
檯燈

estante
擱架

armario
櫥櫃

televisión
電視

chimenea
壁爐

flor
花

cojín
墊子

sofá
沙發

jarrón
花瓶

mando a distancia
遙控器

alfombra

地毯

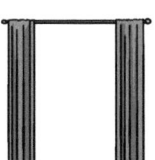

cortina

窗簾

mesa

餐桌

silla

椅子

mecedora

搖椅

butaca

扶手椅

libro

書

manta

毯子

decoración

裝飾品

leña

木柴

película

電影

equipo de música

高傳真音響

llave

鑰匙

periódico

報紙

pintura

油畫

póster

海報

radio

收音機

cuaderno

筆記本

aspiradora

吸塵器

cactus

仙人掌

vela

蠟燭

cocina
廚房

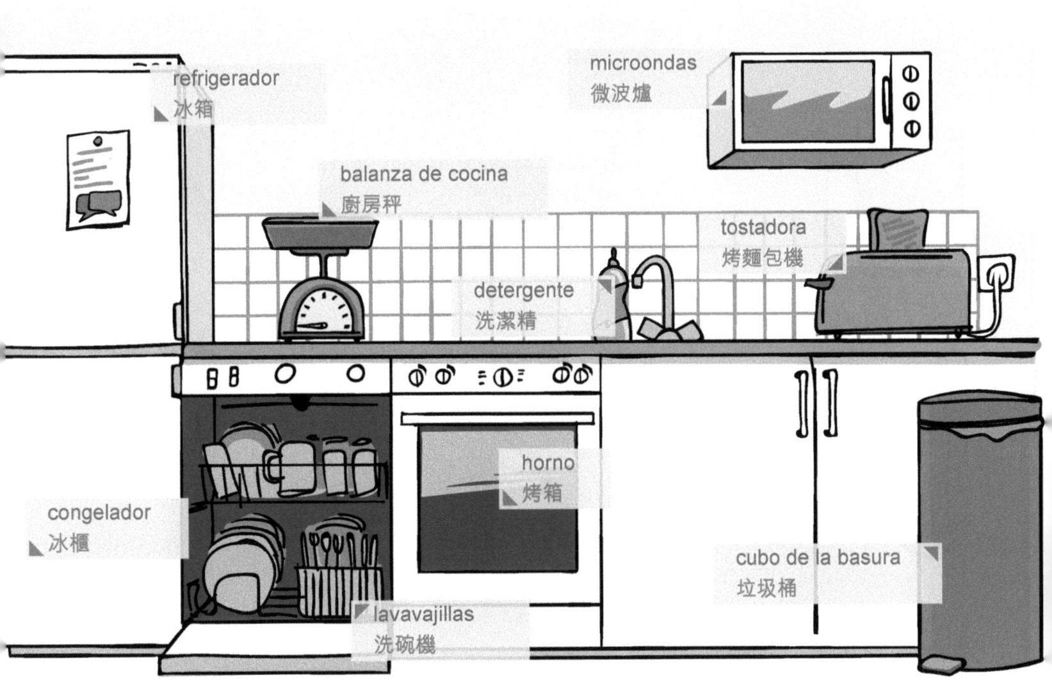
refrigerador
冰箱
microondas
微波爐
balanza de cocina
廚房秤
tostadora
烤麵包機
detergente
洗潔精
horno
烤箱
congelador
冰櫃
cubo de la basura
垃圾桶
lavavajillas
洗碗機

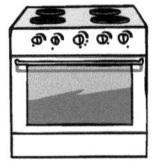

olla a presión

炊具

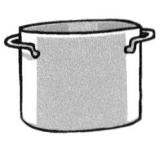

olla

鍋

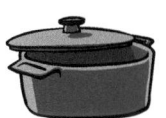

olla de hierro fundido

鑄鐵鍋

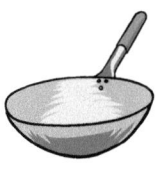

wok / karahi

炒鍋

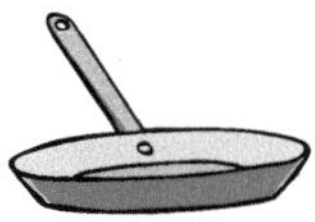

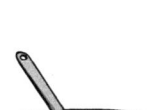

cazuela

平底鍋

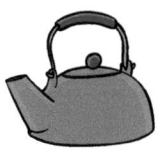

hervidor

水壺

vaporera

蒸鍋

chapa de horno

烤盤

vajilla

陶瓷鍋

taza

馬克杯

tazón

碗

palillos

筷子

cucharón

長柄勺

espumadera

鏟子

batidor

攪拌器

colador

濾網

cedazo

篩子

rallador

磨碎機

mortero

研缽

barbacoa

燒烤

hoguera

明火

tabla de picar

菜板

rodillo

擀麵杖

sacacorchos

開瓶器

lata

罐子

abrelatas

開罐器

agarrador

隔熱手套

lavabo

水槽

cepillo

刷子

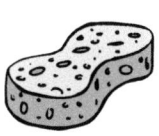

esponja

海綿

batidora

攪拌機

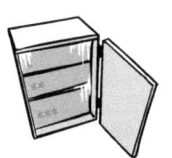

congelador

冷藏箱

biberón

奶瓶

grifo

水龍頭

cuarto de baño

浴室

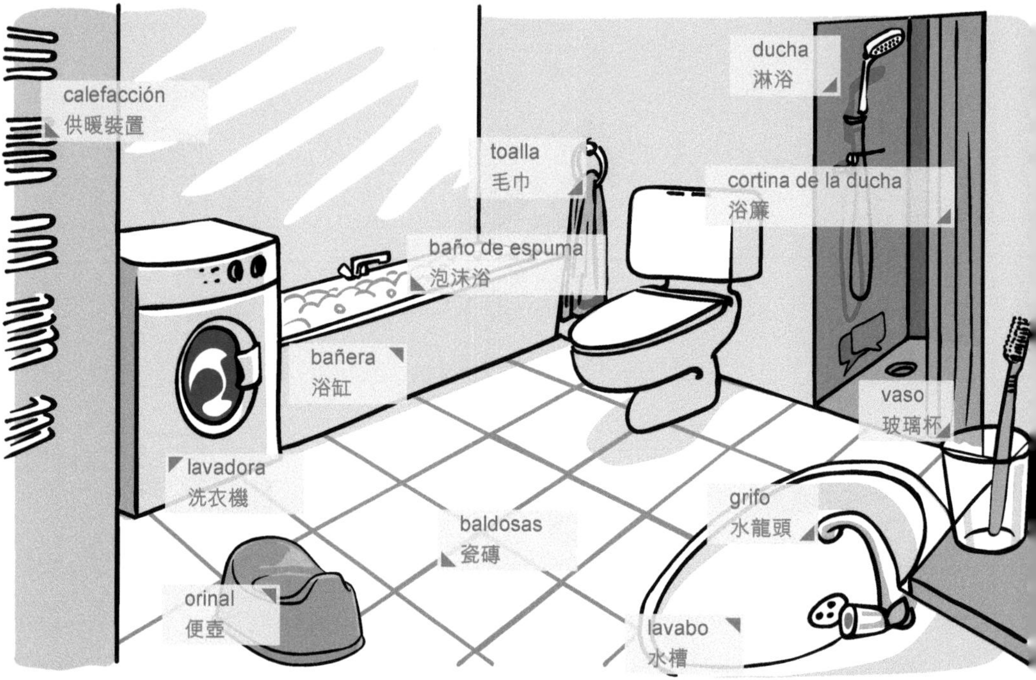

calefacción
供暖裝置
ducha
淋浴
toalla
毛巾
cortina de la ducha
浴簾
baño de espuma
泡沫浴
bañera
浴缸
vaso
玻璃杯
lavadora
洗衣機
grifo
水龍頭
baldosas
瓷磚
orinal
便壺
lavabo
水槽

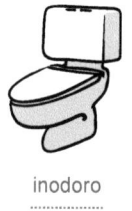

inodoro

廁所

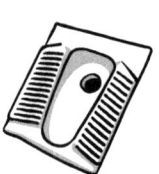

inodoro rústico

蹲便器

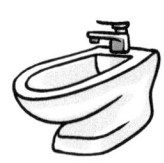

bidé

坐浴器

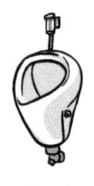

urinario

小便斗

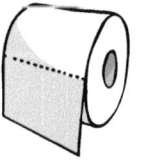

papel higiénico

廁紙

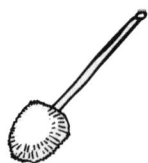

escobilla del váter

馬桶刷

cepillo de dientes

牙刷

pasta de dientes

牙膏

hilo dental

牙線

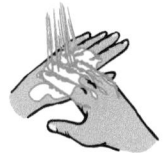

lavar

洗

ducha de mano

手持式蓮蓬頭

ducha íntima

沖洗器

pila

洗臉盆

cepillo de espalda

洗背刷

jabón

肥皂

gel de ducha

沐浴露

champú

洗髮乳

toallita

法蘭絨

desagüe

排水

crema

乳霜

desodorante

除臭劑

espejo

鏡子

espejo de tocador

手鏡

maquinilla de afeitar

刮鬍刀

espuma de afeitar

刮鬍泡沫

loción postafeitado

鬍後水

peine

梳子

cepillo

刷子

secador

吹風機

laca

噴髮定型劑

maquillaje

化妝品

pintalabios

唇膏

pintauñas

指甲油

algodón

化妝棉

cortauñas

指甲剪

perfume

香水

estuche de viaje

洗漱包

banqueta

凳子

balanza

計重秤

albornoz

浴袍

guantes de goma

橡膠手套

tampón

衛生棉條

compresa

衛生棉

inodoro químico

化學廁所

habitación de los niños
兒童房

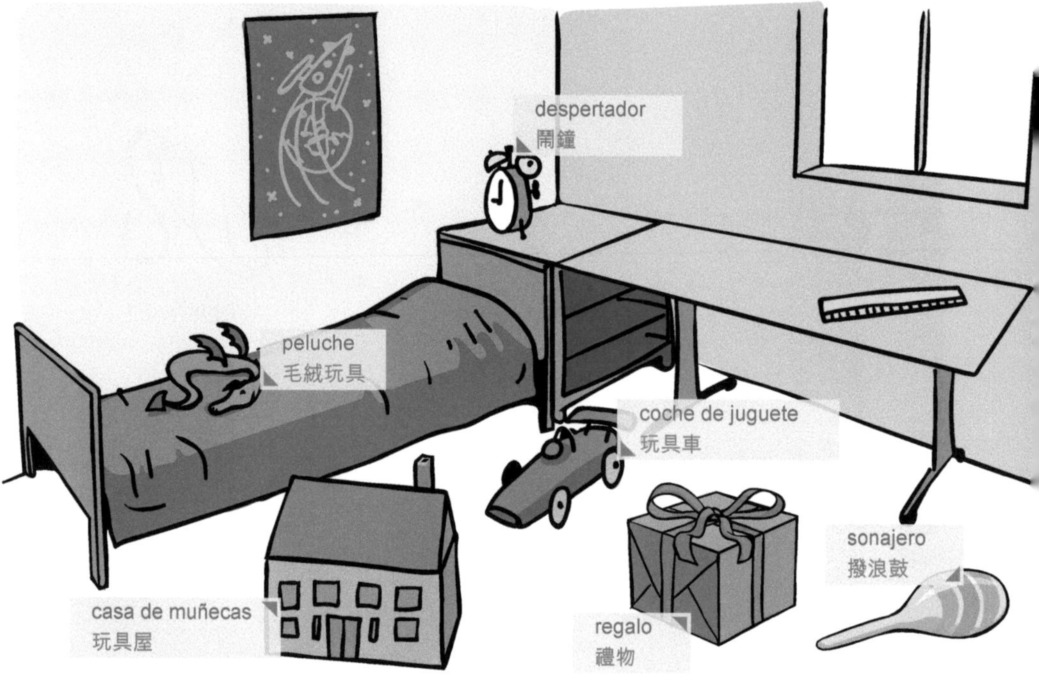
despertador
鬧鐘
peluche
毛絨玩具
coche de juguete
玩具車
sonajero
撥浪鼓
casa de muñecas
玩具屋
regalo
禮物

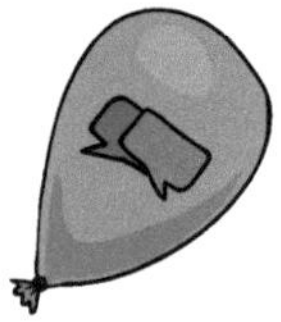

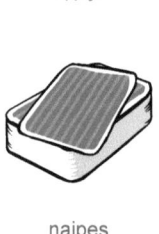

globo

氣球

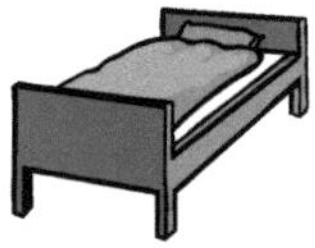

cama

床

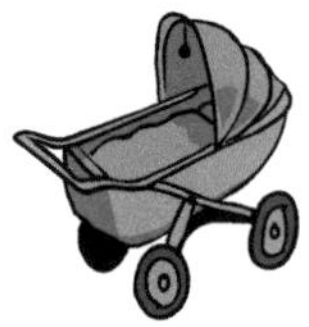

coche de niño

嬰兒車

naipes

撲克牌

puzle

拼圖

SUPER
MEGA

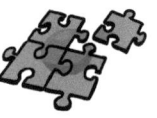

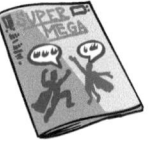

tebeo

漫畫

piezas de lego

樂高積木

bloques de juguete

積木玩具

figura de acción

公仔

bodi (de bebé)

嬰兒服

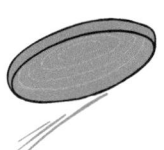

frisbee

飛盤

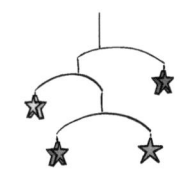

colgador móvil para bebés

床鈴玩具

juego de mesa

棋盤遊戲

dados

骰子

circuito de tren eléctrico

火車模型

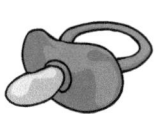

maniquí

安撫奶嘴

fiesta

派對

álbum de fotos

繪本

pelota

球

muñeca

洋娃娃

jugar

玩

cajón de arena

沙坑

columpio

鞦韆

juguetes

玩具

videoconsola

電玩遊戲

triciclo

三輪車

oso de peluche

泰迪熊

guardarropa

衣櫃

ropa

衣服

calcetines

襪子

medias

長襪

leotardos

緊身褲

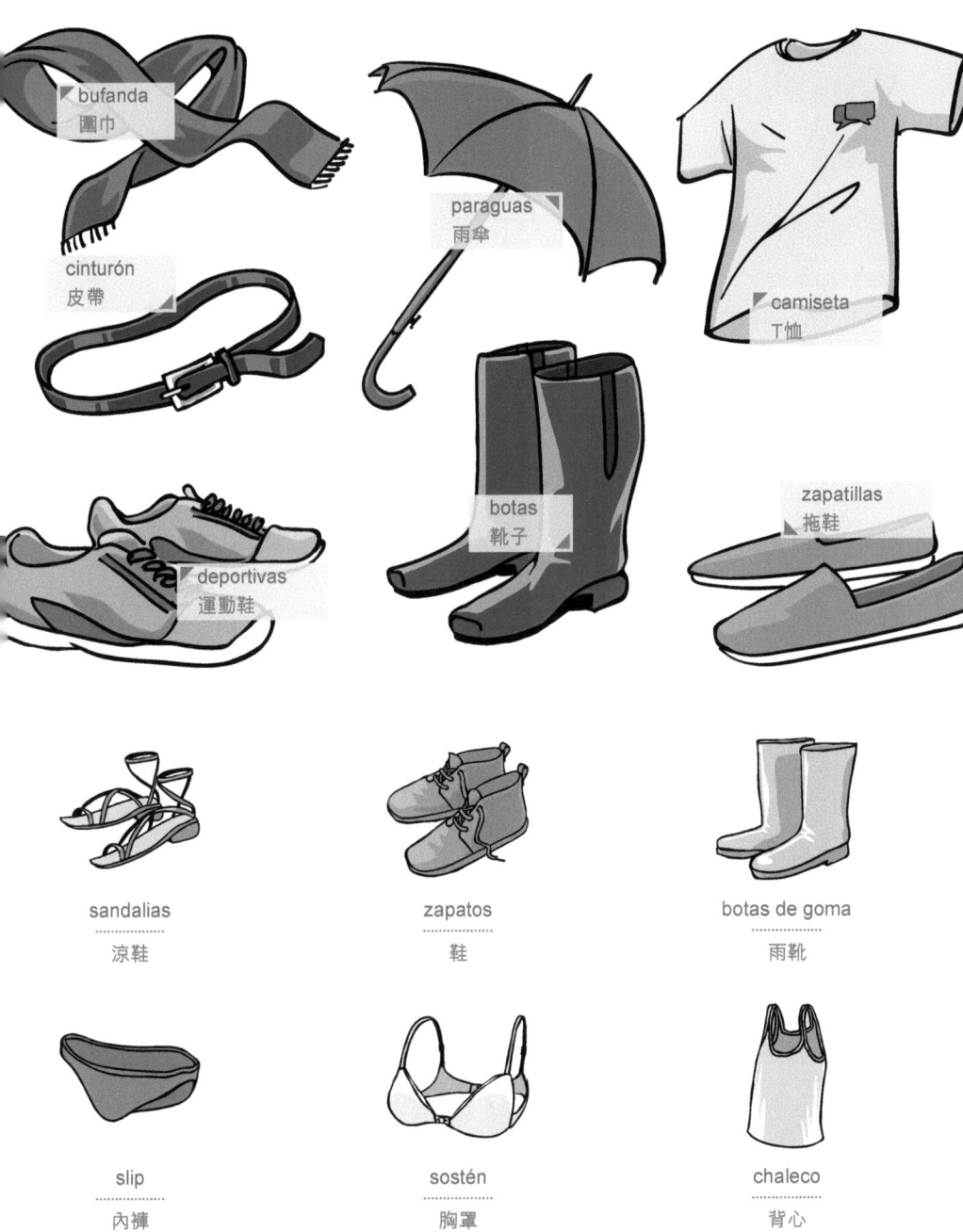

bufanda
圍巾

paraguas
雨傘

cinturón
皮帶

camiseta
T恤

botas
靴子

zapatillas
拖鞋

deportivas
運動鞋

sandalias
涼鞋

zapatos
鞋

botas de goma
雨靴

slip
內褲

sostén
胸罩

chaleco
背心

ropa - 衣服

bodi

身體

pantalones

褲子

vaqueros

牛仔褲

falda

短裙

blusa

女式襯衫

camisa

襯衫

jersey

套頭衫

suéter

連帽上衣

blazer

西裝夾克

chaqueta

夾克

abrigo

外套

gabardina

雨衣

traje

套裝

vestido

連衣裙

vestido de novia

婚紗

traje
....
西裝

camisón
....
睡袍

pijama
....
睡衣

sari
....
莎麗

bandana
....
頭巾

turbante
....
包頭巾

burka
....
波卡

caftán
....
卡夫坦

abaya
....
(阿拉伯式)長袍

traje de baño
....
泳衣

bañador
....
男式泳褲

pantalones cortos
....
短褲

chándal
....
運動服

delantal
....
圍裙

guantes
....
手套

botón

鈕扣

gafas

眼鏡

brazalete

手鏈

collar

項鍊

anillo

戒指

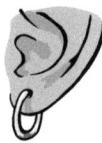

pendiente

耳環

gorra

便帽

percha

衣架

sombrero

帽子

corbata

領帶

cremallera

拉鍊

casco

安全帽

tirantes

背帶

uniforme escolar

校服

uniforme

制服

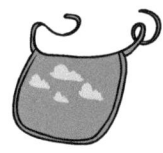

babero

圍兜

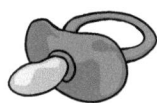

maniquí

安撫奶嘴

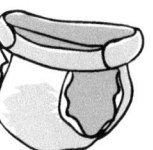

pañal

尿布

oficina
辦公室

servidor
伺服器
archivo
檔案櫃
impresora
印表機
papel
紙
monitor
螢幕
escritorio
辦公桌
ratón
滑鼠
carpeta
資料夾
teclado
鍵盤
papelera
廢紙簍
ordenador
電腦
silla
椅子

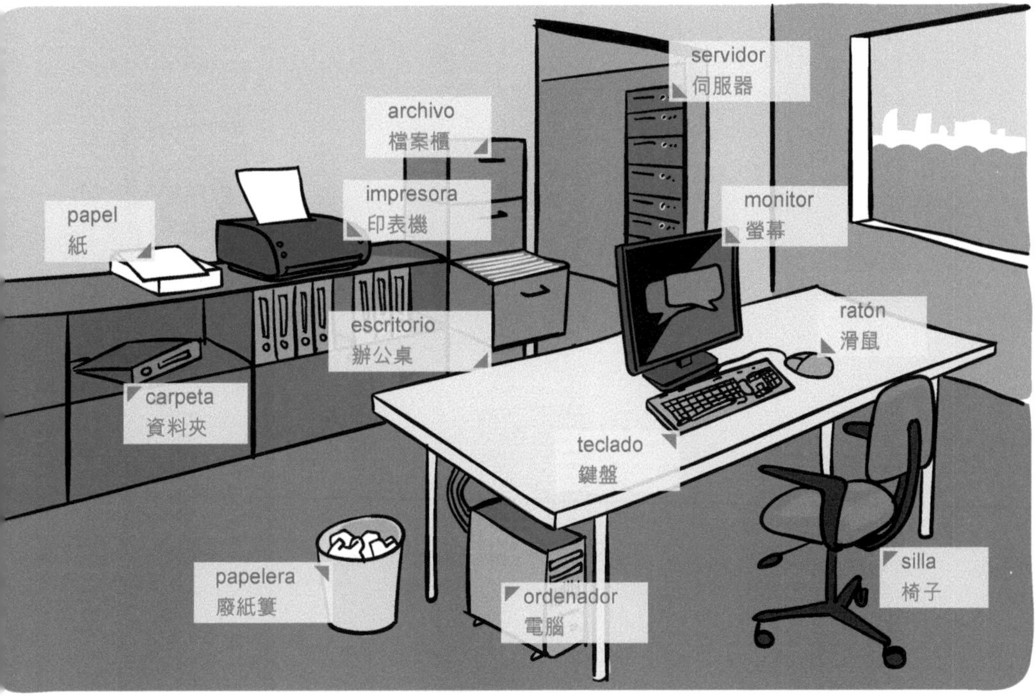

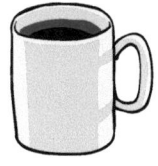

taza de café

咖啡杯

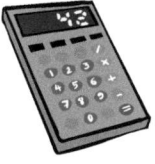

calculadora

計算機

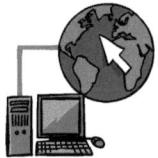

internet

網際網路

portátil

筆記型電腦

carta

信件

mensaje

簡訊

móvil

行動電話

red

網路

fotocopiadora

影印機

software

軟體

teléfono

電話

toma de corriente

插座

fax

傳真機

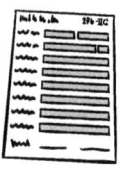

formulario

表格

documento

檔案

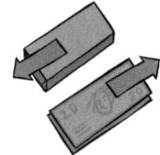

comprar

買

pagar

付錢

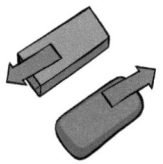

comerciar

交易

dinero

現金

dólar

美元

euro

歐元

yen

日元

rublo

盧布

franco suizo

瑞士法郎

renminbi yuan

人民幣

rupia

盧比

cajero automático

提款處

oficina de cambio de divisas

外幣兌換處

oro

金

plata

銀

petróleo

石油

energía

能源

precio

價格

contrato

合約

impuesto

稅金

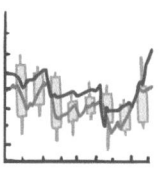

acción

股票

trabajar

工作

empleado

職員

empleador

老闆

fábrica

工廠

tienda

商店

agente de policía
警官

bombero
消防員

cocinero
廚師

médico
醫師

piloto
飛行員

jardinero

園丁

carpintero

木匠

costurera

裁縫

juez

法官

farmacéutico

化學家

actor

演員

conductor de autobús

公車司機

taxista

計程車司機

pescador

漁夫

señora de la limpieza

清洗女工

techador

屋頂工

camarero

服務生

cazador

獵人

pintor

畫家

panadero

麵包師

electricista

電工

obrero

建築工人

ingeniero

工程師

carnicero

屠夫

fontanero

水管工

cartero

郵差

soldado

士兵

arquitecto

建築師

cajero

收銀員

florista

花農

peluquero

理髮師

revisor

售票員

mecánico

機械技師

capitán

船長

dentista

牙醫

científico

科學家

rabino

拉比

imán

伊瑪目

monje

和尚

sacerdote

牧師

herramientas

工具

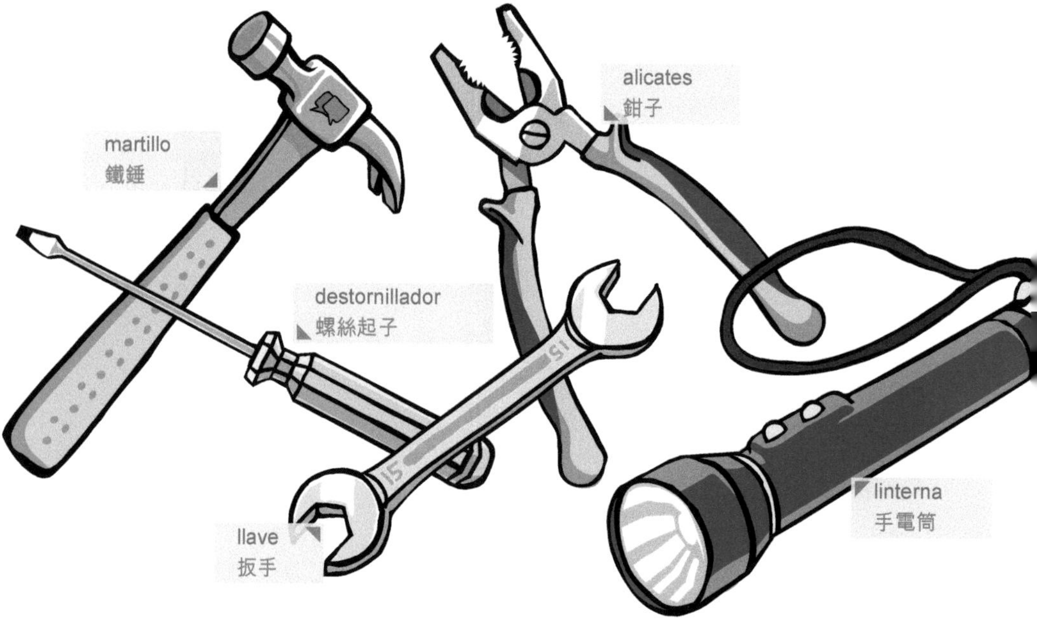

martillo
鐵錘
alicates
鉗子
destornillador
螺絲起子
llave
扳手
linterna
手電筒

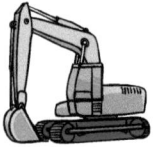

excavadora

挖掘機

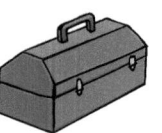

caja de herramientas

工具箱

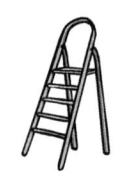

escalera de mano

梯子

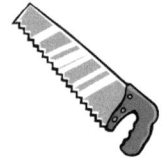

sierra

鋸子

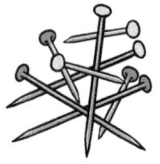

clavos

釘子

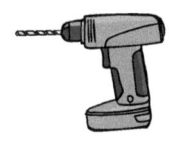

taladro

鑽機

reparar

修

pala

鏟子

¡Maldita sea!

糟糕！

recogedor

畚箕

bote de pintura

油漆桶

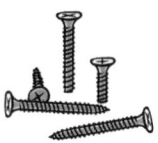

tornillos

螺絲

instrumentos musicales

樂器

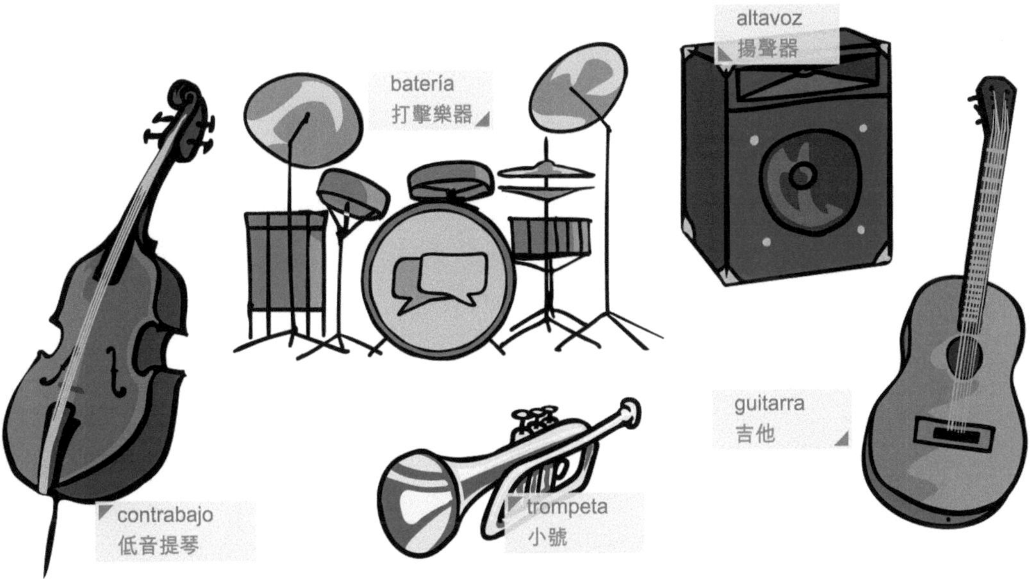

batería
打擊樂器

altavoz
揚聲器

guitarra
吉他

contrabajo
低音提琴

trompeta
小號

piano

鋼琴

violín

小提琴

bajo

貝斯

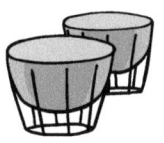

timbales

定音鼓

tambor

鼓

teclado

電子琴

saxofón

薩克斯風

flauta

長笛

micrófono

麥克風

ZOO
動物園

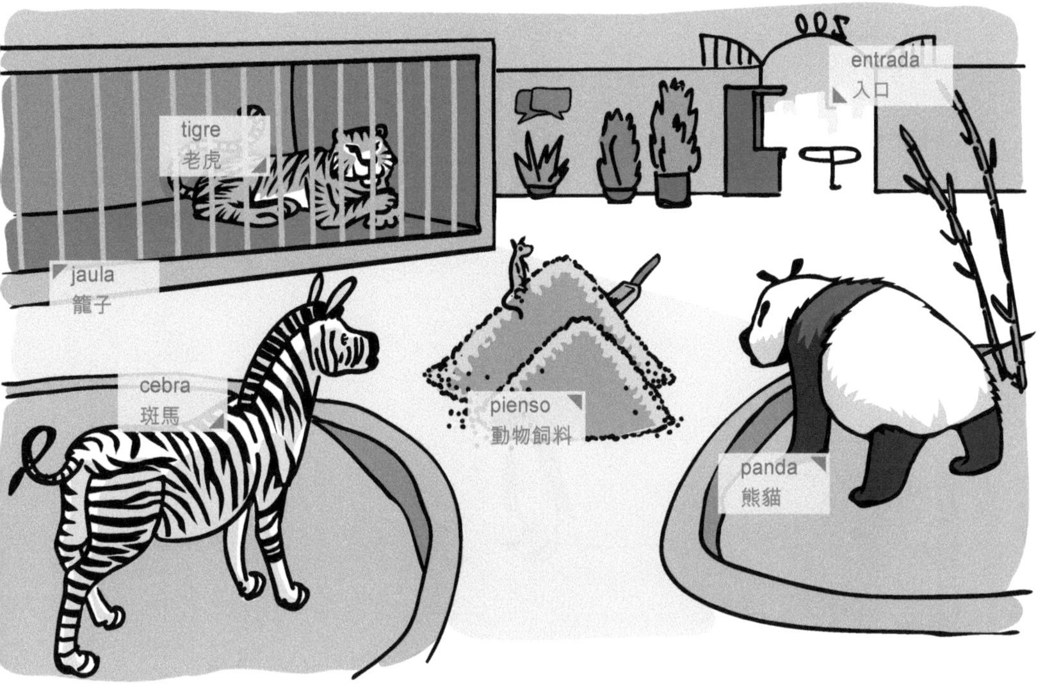

tigre
老虎
entrada
入口
jaula
籠子
cebra
斑馬
pienso
動物飼料
panda
熊貓

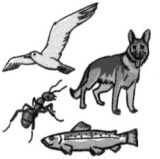

animales

動物

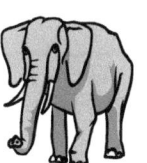

elefante

大象

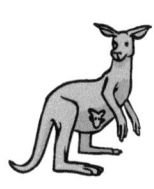

canguro

袋鼠

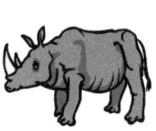

rinoceronte

犀牛

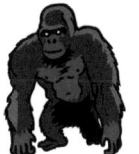

gorila

大猩猩

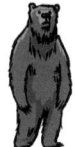

oso

熊

camello

駱駝

avestruz

鴕鳥

león

獅子

mono

猴子

flamingo

紅鶴

loro

鸚鵡

oso polar

北極熊

pingüino

企鵝

tiburón

鯊魚

pavo real

孔雀

serpiente

蛇

cocodrilo

鱷魚

guardián de zoológico

動物園管理員

foca

海豹

jaguar

美洲豹

poni

矮種馬

leopardo

豹

hipopótamo

河馬

jirafa

長頸鹿

águila

老鷹

jabalí

野豬

pescado

魚

tortuga

龜

morsa

海象

zorro

狐狸

gacela

羚羊

體育

fútbol americano
橄欖球

ciclismo
騎腳踏車

tenis
網球

baloncesto
籃球

natación
游泳

boxeo
拳擊

hockey sobre hielo
冰球

fútbol
......
美式足球

bádminton
......
羽毛球

atletismo
......
田徑

balonmano
......
手球

esquí
......
滑雪

polo
......
馬球

saltar
跳

reír
笑

abrazar
擁抱

cantar
唱

caminar
走路

soñar
做夢

rezar
祈禱

besar
親吻

escribir

書寫

dibujar

畫

mostrar

展示

empujar

推

dar

給

tomar

拿

tener

有

hacer

做

ser

當

estar de pie

站

correr

跑

tirar

拉

tirar

丟

caer

摔倒

yacer

躺

esperar

等待

llevar

攜帶

estar sentado

坐

vestirse

穿衣

dormir

睡覺

despertar

醒來

mirar

看

llorar

哭

acariciar

擊

peinar

梳頭

hablar

交談

entender

明白

preguntar

問

escuchar

聽

beber

喝

comer

吃

ordenar

清理

amar

愛

cocinar

做飯

conducir

開車

volar

飛

navegar

航行

calcular

計算

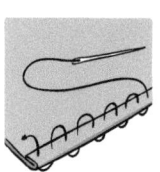

leer

讀

aprender

學習

trabajar

工作

casarse

結婚

coser

縫

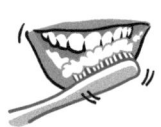

cepillarse los dientes

刷牙

matar

殺

fumar

抽菸

enviar

寄

familia
家

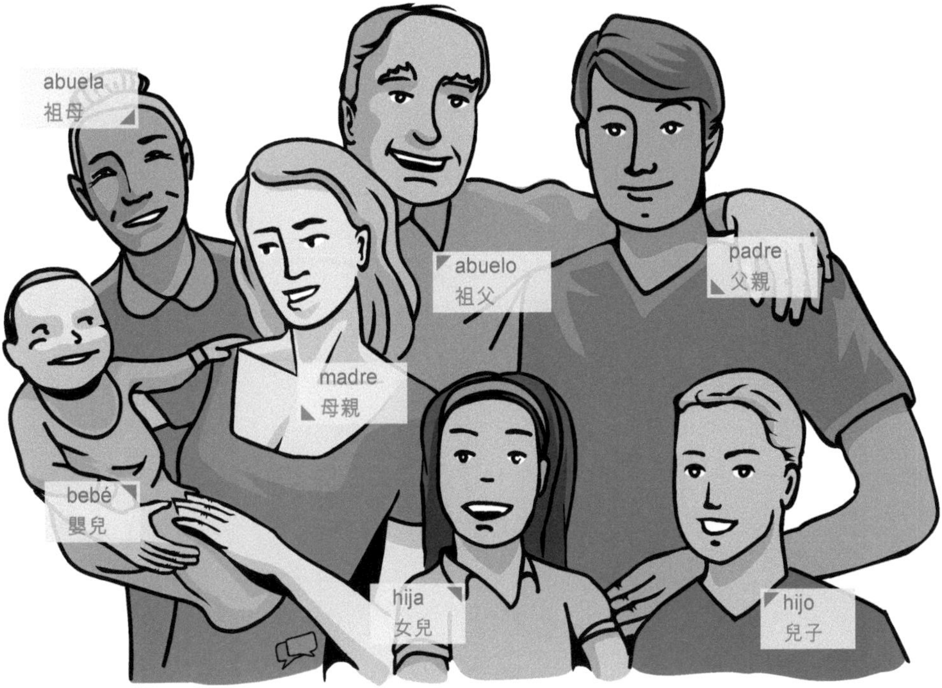
abuela
祖母
abuelo
祖父
padre
父親
madre
母親
bebé
嬰兒
hija
女兒
hijo
兒子

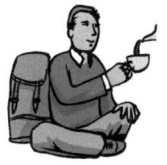

invitado
客人

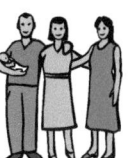

tía
阿姨

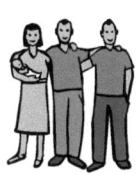

tío
叔叔

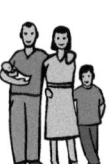

hermano
兄弟

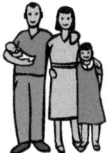

hermana
姐妹

cuerpo

身體

frente
前額
ojo
眼睛
hombro
肩膀
dedo
手指
cara
臉
barbilla
下巴
mano
手
pierna
腿
pecho
乳房
brazo
手臂

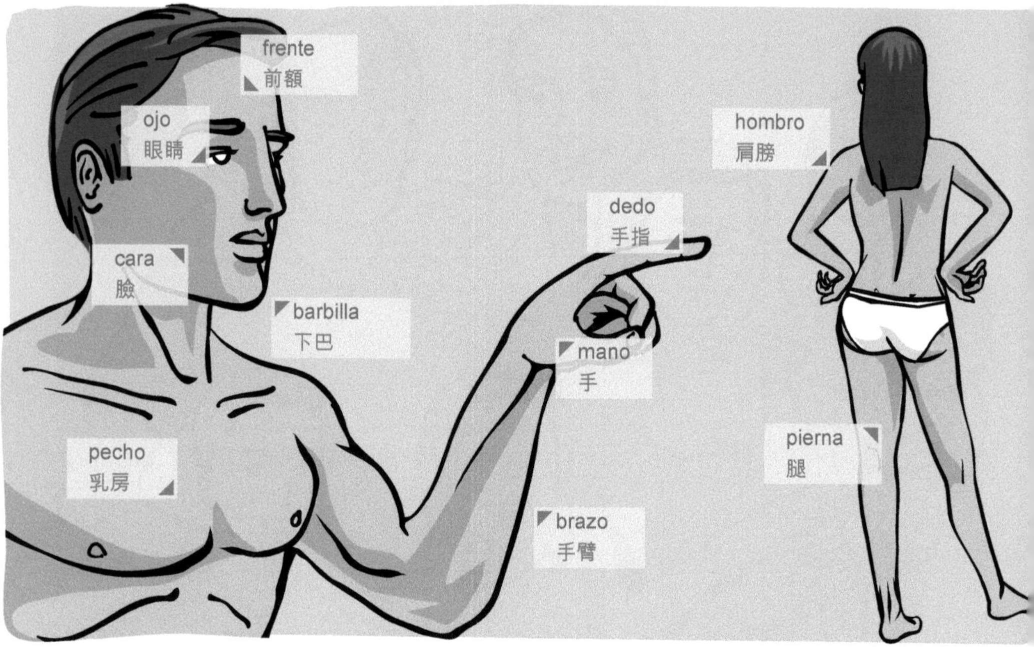

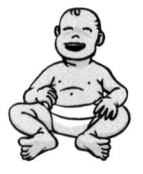

bebé

嬰兒

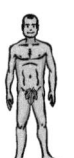

hombre

男人

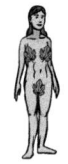

mujer

女人

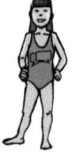

chica

女孩

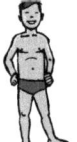

chico

男孩

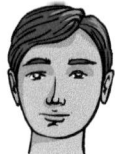

cabeza

頭

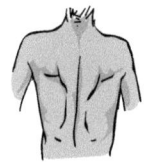

espalda

背部

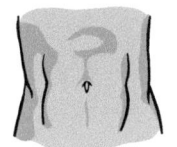

vientre

肚子

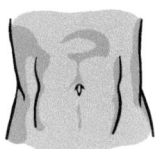

ombligo

肚臍

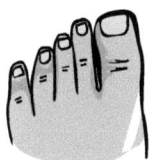

dedo del pie

腳趾

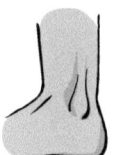

talón

腳後跟

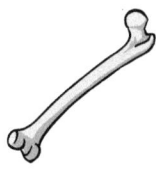

hueso

骨頭

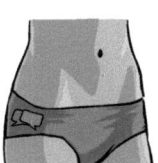

cadera

臀部

rodilla

膝蓋

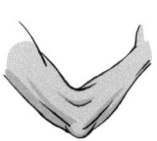

codo

手肘

nariz

鼻子

trasero

屁股

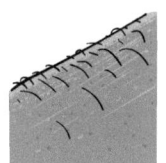

piel

皮膚

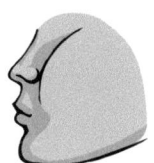

mejilla

臉頰

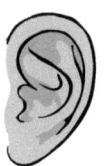

oído

耳朵

labio

嘴唇

boca
嘴

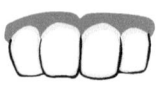
diente
牙齒

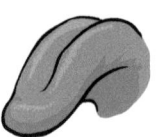
lengua
舌頭

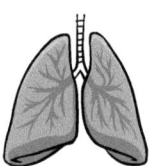
cerebro
腦

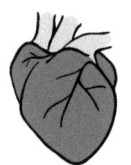
corazón
心臟

músculo
肌肉

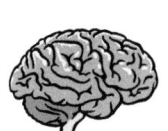
pulmón
肺

hígado
肝臟

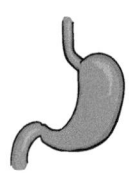
estómago
胃

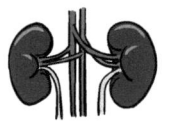
riñones
腎臟

sexo
性交

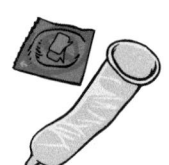
condón
保險套

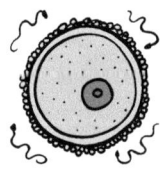
ovario
卵子

semen
精子

embarazo
懷孕

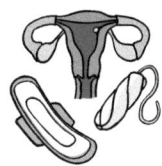

menstruación

月事

vagina

陰道

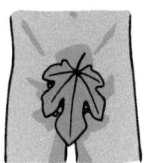

pene

陰莖

ceja

眉毛

pelo

頭髮

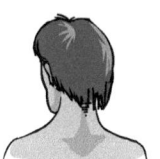

cuello

脖子

hospital
醫院

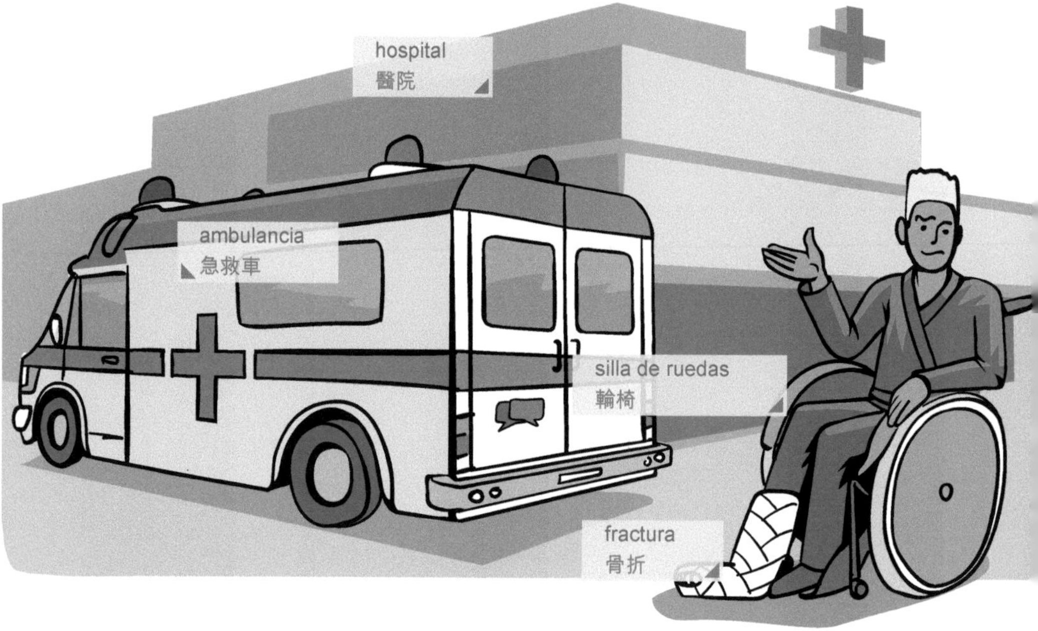

hospital
醫院
ambulancia
急救車
silla de ruedas
輪椅
fractura
骨折

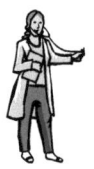

médico

醫師

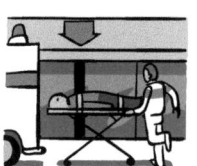

sala de urgencias

急診室

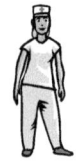

enfermera

護理師

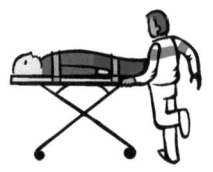

urgencia

緊急情形

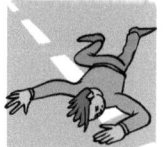

inconsciente

昏迷

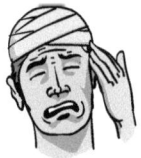

dolor

痛

lesión

受傷

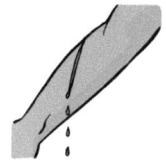

hemorragia

出血

infarto

心臟病發作

ictus

中風

alergia

過敏

tos

咳嗽

fiebre

發燒

gripe

流感

diarrea

腹瀉

dolor de cabeza

頭痛

cáncer

癌症

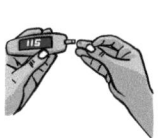

diabetes

糖尿病

cirujano

外科醫師

bisturí

手術刀

operación

手術

TAC

電腦斷層掃描

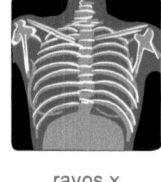

rayos x

X光

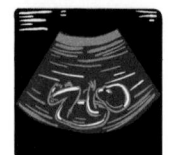

ultrasonido

超音波

mascarilla

口罩

enfermedad

疾病

sala de espera

候診室

muleta

拐杖

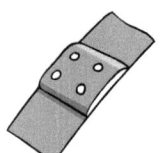

tirita

石膏

venda

繃帶

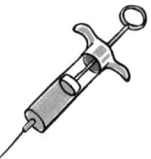

inyección

注射

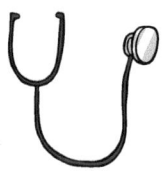

estetoscopio

聽診器

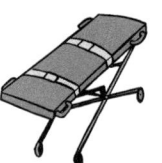

camilla

擔架

termómetro

體溫計

nacimiento

出生

sobrepeso

超重

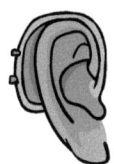

audífono

助聽器

desinfectante

消毒液

infección

感染

virus

病毒

VIH / SIDA

愛滋病

medicina

藥物

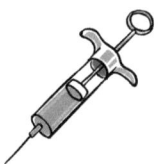

vacunación

接種疫苗

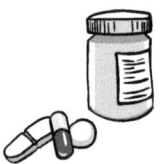

tabletas

藥片

pastilla

藥丸

llamada de urgencia

急救電話

tensiómetro

血壓計

enfermo / sano

生病/健康

¡Socorro!

救命！

alarma

警報

asalto

突擊

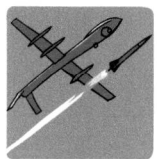

ataque

攻擊

peligro

危險

salida de emergencia

緊急出口

¡Fuego!

失火了！

extintor de incendios

滅火器

accidente

意外

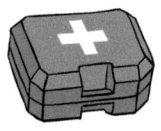

botiquín de primeros
auxilios

急救箱

SOS

呼救訊號

policía

員警

Europa

歐洲

Norteamérica

北美洲

Sudamérica

南美洲

África

非洲

Asia

亞洲

Australia

澳洲

Atlántico

大西洋

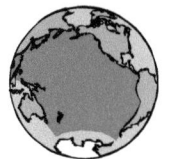

Pacífico

太平洋

Océano Índico

印度洋

Océano Antártico

南冰洋

Océano Ártico

北冰洋

polo norte

北極

polo sur

南極

Antártida

南極洲

tierra

地球

tierra

陸地

mar

海

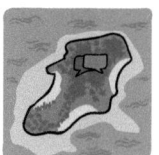

isla

島

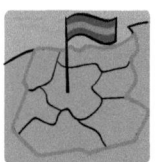

nación

國家

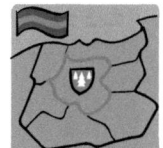

estado

州

esfera

錶盤

manecilla de las horas

時針

minutero

分針

segundero

秒針

¿Qué hora es?

現在幾點？

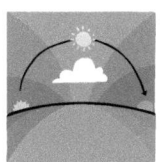

día

天

tiempo

時間

ahora

現在

reloj digital

電子錶

minuto

分

hora

時

lunes
週一
MO

miércoles
週三
W

viernes
週五
FR

TU

TH

SA

SO

martes
週二

sábado
週六

jueves
週四

domingo
週日

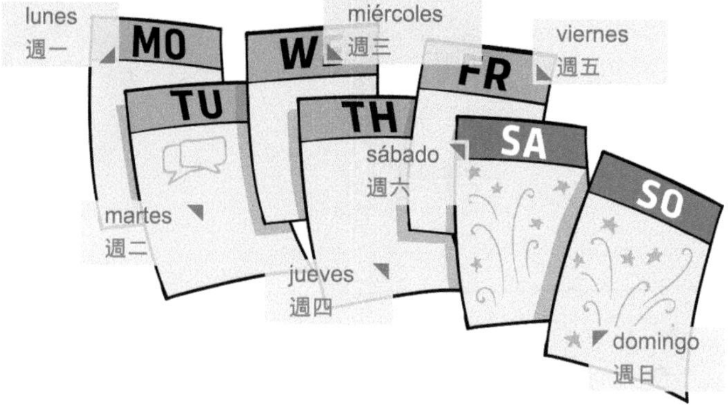

ayer
昨天

hoy
今天

mañana
明天

mañana
早晨

mediodía
中午

tarde
晚上

MO	TU	WE	TH	FR	SA	SU
1	2	3	4	5	6	7
8	9	10	11	12	13	14
15	16	17	18	19	20	21
22	23	24	25	26	27	28
29	30	31	1	2	3	4

días laborables
工作日

MO	TU	WE	TH	FR	SA	SU
1	2	3	4	5	6	7
8	9	10	11	12	13	14
15	16	17	18	19	20	21
22	23	24	25	26	27	28
29	30	31	1	2	3	4

fin de semana
週末

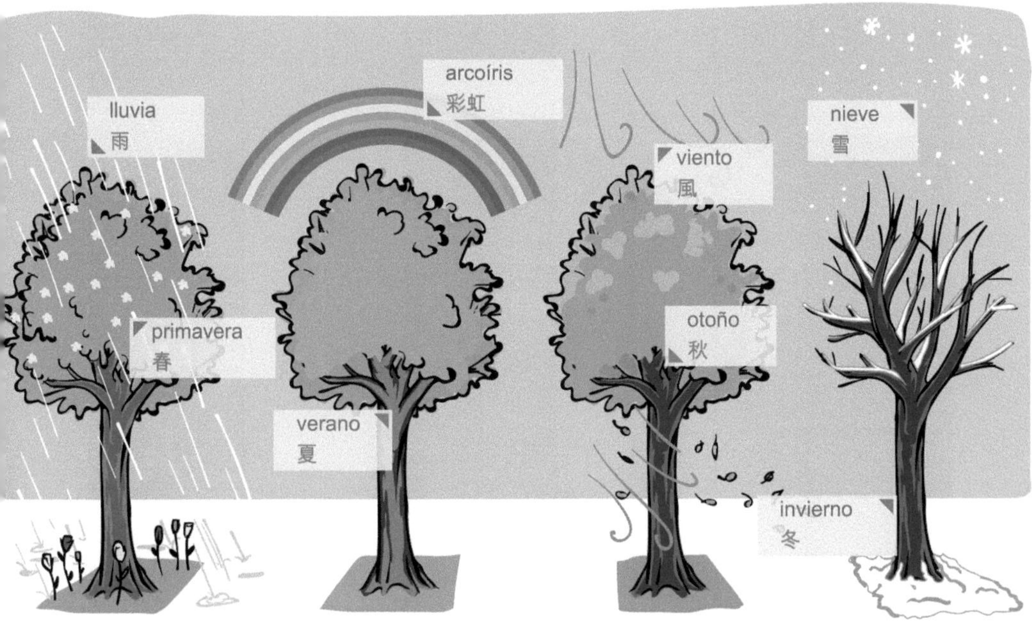

lluvia
雨
arcoíris
彩虹
nieve
雪
viento
風
primavera
春
otoño
秋
verano
夏
invierno
冬

4.APRIL 11°
5.APRIL 4°
6.APRIL 13°
7.APRIL 8°
8.APRIL 10°

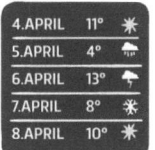

pronóstico del tiempo

天氣預告

F C
120 90 60 30 0 -30
40 30 20 10 0 -10 -20

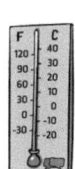

termómetro

溫度計

sol

陽光

nube

雲

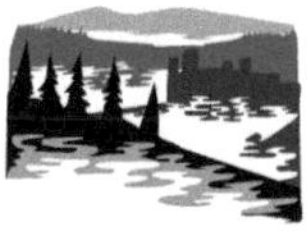

niebla

霧

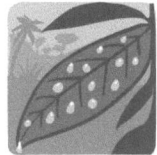

humedad

潮濕

rayo

閃電

trueno

打雷

tormenta

風暴

granizo

冰雹

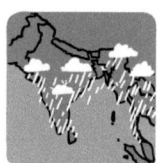

monzón

季風

inundación

洪水

hielo

冰

enero

一月

febrero

二月

marzo

三月

abril

四月

mayo

五月

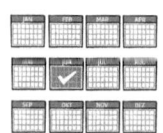

junio

六月

julio

七月

agosto

八月

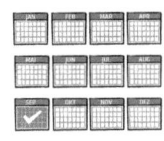

septiembre
....
九月

octubre
....
十月

noviembre
....
十一月

diciembre
....
十二月

formas

形狀

círculo
....
圓形

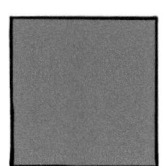

cuadrado
....
正方形

rectángulo
....
長方形

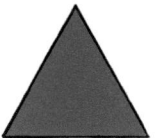

triángulo
....
三角形

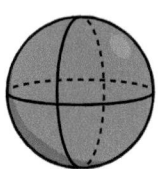

esfera
....
球體

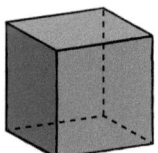

cubo
....
立方體

blanco

白

amarillo

黃

anaranjado

橙

rosa

粉

rojo

紅

morado

紫

azul

藍

verde

綠

marrón

棕

gris

灰

negro

黑

mucho / poco

很多/少許

enojado / tranquilo

生氣/平靜

bonito / feo

美/醜

principio / fin

首/尾

grande / pequeño

大/小

claro / oscuro

明/暗

hermano / hermana

兄弟/姐妹

limpio / sucio

乾淨/骯髒

completo / incompleto

完整/缺失

día / noche

白天/晚上

muerto / vivo

死/生

ancho / estrecho

寬/窄

comestible / no comestible

可食用/非食用

malo / amable

邪惡/善良

entusiasmado / aburrido

興奮/無聊

gordo / delgado

胖/瘦

primero / último

第一/最後

amigo / enemigo

朋友/敵人

lleno / vacío

滿/空

duro / blando

硬/軟

pesado / ligero

重/輕

hambre / sed

餓/渴

enfermo / sano

生病/健康

ilegal / legal

非法/合法

inteligente / tonto

聰明/愚笨

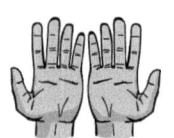

izquierda / derecha

左/右

cerca / lejos

近/遠

nuevo / usado

新/舊

nada / algo

沒有/有些

viejo / joven

老/幼

encendido / apagado

開/關

abierto / cerrado

打開/闔上

silencioso / ruidoso

安靜/吵鬧

rico / pobre

富/窮

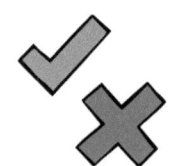

correcto / incorrecto

對/錯

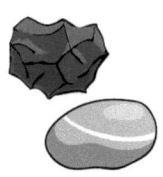

áspero / suave

粗糙/光滑

triste / contento

傷心/高興

corto / largo

短/長

lento / rápido

慢/快

húmedo / seco

濕/乾

cálido / frío

溫暖/涼爽

guerra / paz

戰爭/和平

números

數字

0

cero

零

1

uno

一

2

dos

二

3

tres

三

4

cuatro

四

5

cinco

五

6

seis

六

7

siete

七

8

ocho

八

9

nueve

九

10

diez

十

11

once

十一

12
doce
十二

13
trece
十三

14
catorce
十四

15
quince
十五

16
dieciséis
十六

17
diecisiete
十七

18
dieciocho
十八

19
diecinueve
十九

20
veinte
二十

100
cien
百

1.000
mil
千

1.000.000
millón
百萬

inglés

英語

inglés americano

美式英語

chino mandarín

普通話

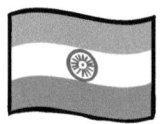

hindi

印地語

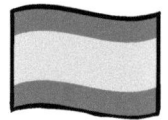

español

西班牙語

francés

法語

árabe

阿拉伯語

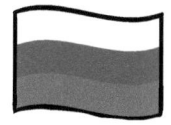

ruso

俄語

portugués

葡萄牙語

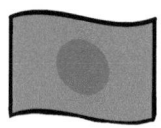

bengalí

孟加拉語

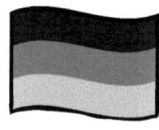

alemán

德語

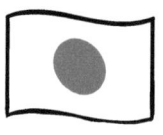

japonés

日語

yo

我

tú

你

él / ella / ello

他/她/它

nosotros/as

我們

vosotros/as

你們

ellos/as

他們

¿quién?

誰？

¿qué?

什麼？

¿cómo?

如何？

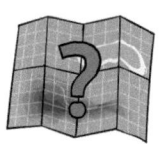

¿dónde?

何處？

¿cuándo?

何時？

nombre

名字

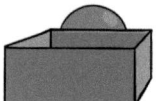

detrás

後面

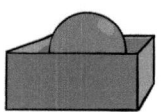

en

裡面

delante de

前面

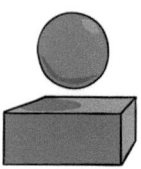

por encima de

上方

sobre

上面

debajo de

下麵

junto a

旁邊

entre

中間

lugar

地點